Edited by
Mary Aflague

Marshallese translations by
East-West Concepts
www.eastwestconcepts.com

My First MARSHALLESE Children's Bible Stories

With English Translations

Published by the
GERÅRD AFLÅGUE COLLECTION

Presented especially to

May God's light shine into your life.

In the beginning, God made the Heavens and the Earth and all that is in them.

The Creation Story
Bwebwenato in Kōṃṃan Laļ

Ilo jinoin, Anij ekar kōṃṃan Lan im Laļ im aolep me ej pād iloan.

God made flowers, trees, and animals in the sea and on land. He also created people in His image. Everything God made was good.

Anij ekar kōṃṃan ut ko, wōjke ko, men mour ko ilo lọjet im ioon āne. Ekar bar kōṃṃan armej ilo jekjekin. Im aolep men ko me Anij ekar kōṃṃan rekar eṃṃan wōt.

Even though it has not rained in years, God told Noah to build a big boat. God instructed Noah to take his family and two of every kind of animal into the boat.

Noah's Ark
Wa eo Waan Noah

Mene ekar jab wōt ilo elōn iiō, Anij ekar ba nan Noah bwe en bōk jekjek juon wa kilep. Anij ekar jiron nan Noah bwe en bōk baaṃle eo an im ruo iaan kajjojo kain men in mour ilo wa eo.

It rained for forty days and nights. Noah, his family, and the animals were safe in the boat when the flood came. God made a rainbow to show His people that He loved them.

Ekar wōt iuṃwin enoul raan im bon. Noah, baaṃle eo an, im men in mour ko rekar pād im ejjeļọk uwōta ilo wa eo ke ekar ibwijleplep. Anij ekar kōṃṃan juon iia bwe en kowaļọk nan Armej ro an ke ekar iakwe er.

This princess sees something in the river.
It's a baby in a basket! What's a baby doing in the river?

Juon leddik nājin Pharaoh ej loe juon men eo ilo river eo ijo. Ej juon ninnin ilo juon iep! Ta wūnin an ninnin ro pād ilo river eo?

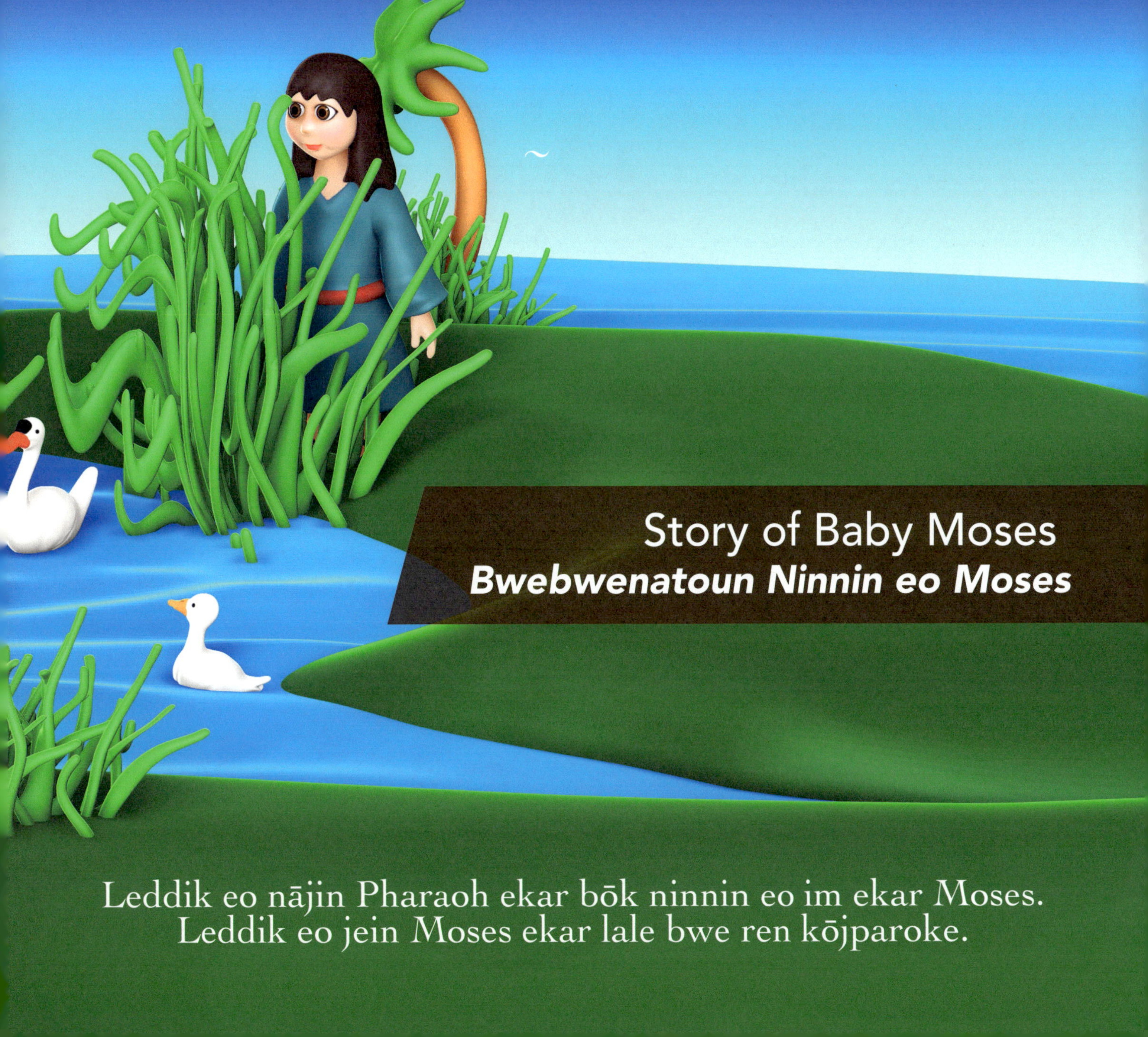

The baby was rescued by the princess and she named him Moses. Moses' sister made sure he was taken care of.

Story of Baby Moses
Bwebwenatoun Ninnin eo Moses

Leddik eo nājin Pharaoh ekar bōk ninnin eo im ekar Moses. Leddik eo jein Moses ekar lale bwe ren kōjparoke.

So many hungry lions are in this den, and Daniel is in there too. Will Daniel be alright?

Daniel in the Lions' Den
Daniel ilo Jikin Men in Mour Lion

Elap an lōn men in mour lion me reḷap kwōle ijin, im Daniel ej bar pād ijo. Daniel enaaj eṃṃan ke?

Daniel prayed to God. God sent His angels to shut the lions mouths and to protect him.

Daniel ekar jar ippān Anij. Anij ekar jilkinļọk enjeļ ro bwe ren kune lọnin lion ko im kōjparóke.

David always kept watch over his sheep, protecting them from hungry lions and bears. He was a good shepherd.

Aolep iien David ekar lale jiip ko nājin, im kōjparok er jān men in mour lion im bear ko me rekar kwōle. Ekar juon ri-lale jiip eṃṃan.

God is our shepherd who protects and guides us. We can always trust in Him.

David the Shepherd
David Ri-lale Jiip eo

Anij ej ri-lale jiip eo ad me ej kōjparok im tōl kōj. Jemaron in lōke E aolep iien.

David was young. He fought against a big, strong giant named Goliath. David hurls a stone from his sling with all of his might.

David ekar ļaddik wōt. Ekar ire ippān juon emṃaan kilep im kajoor me etan ekar Goliath. David ej inūti juon deka jān kein buwat eo an ilo aolepan kajoor eo an.

He hits Goliath on the head. The giant falls.
David is a true leader chosen by God.

David and Goliath
David im Goliath

Ekar lel Goliath ilo bōran. Armej kilep eo ekar wōtlọk. David ej juon ri-tōl eṃṃool me Anij ekar kāālōte.

Far away, angels sang and told shepherds about a baby's birth. The shepherds quickly searched for this special baby.

Jesus in the Manger
Jijej ilo Jikin Ṇakijen Men in Mour eo

Ilo juon jikin ettoḷok, enjeḷ ro rekar al im jiron nan ri-lale jiip ko kōn an juon ninnin kar ḷotak.

It was baby Jesus! God sent His Son to teach us about His love and forgiveness, and to save us from sin that keeps us from being with God some day.

Ekar ninnin Jijej! Anij ekar jilkintok Nājin bwe en katakin kōj kōn iakwe im jolọk bōd eo An, im bwe en lọmọore kōj jān bōd eo me ej bōbrae ad naaj pād ippān Anij juon raan.

Where's Jesus? Mary and Joseph looked all around searching for Jesus.

Boy Jesus at the Temple
Ļaddik eo Jijej ilo Temple eo

Ewi Jijej? Mary im Joseph rekar pukote Jijej ilo elōn jikin.

Here He is speaking and listening to older teachers in the temple about God. Jesus loves talking about God.

Eninin, im ej kōnnaan im ronjake ri-kake ro rūttolo̧k ilo temple eo kōn Anij. Jijej ej lukkuun iakwe kōnnaan kōn Anij.

What is Zacchaeus doing up in the tree? Did he climb up because a big hungry bear was chasing him?

Zacchaeus, the Tax Collector
Zacchaeus, eo Ej Aini Owar

Etke Zacchaeus ej pād ilo wōjke eo? Ekar tallōne kōnke ej ko jān juon men in mour bear ekilep im eḷap kwōle ke?

No, Zacchaeus just wanted to see Jesus in the crowd. Jesus walked toward him and said, "Let's go to your house."

Jaab, Zacchaeus ekar koņaan in loe Jijej wōt ilo jarlepju̧ eo. Jijej ekar kepaake im b̧a, “Jān etal nan mweo im̧ōm̧.”

What a raging storm! The waves are rough and the winds are strong. Jesus' disciples are afraid. Quick! Wake up Jesus.

Jesus Calms the Storm
Jijej ej Kaaenōṃṃane Liṃaajṇoṇo

Enanin in kilep liṃaajṇoṇo! Ṇo ko rekilep im kōto eo ekajoor. Ri-ļoor ro an Jijej remijak. Kaiur! Karuj Jijej.

Jesus awoke and told the sea and wind to be still. The wind and sea obeyed Jesus. Jesus' friends were amazed at how Jesus calmed the storm.

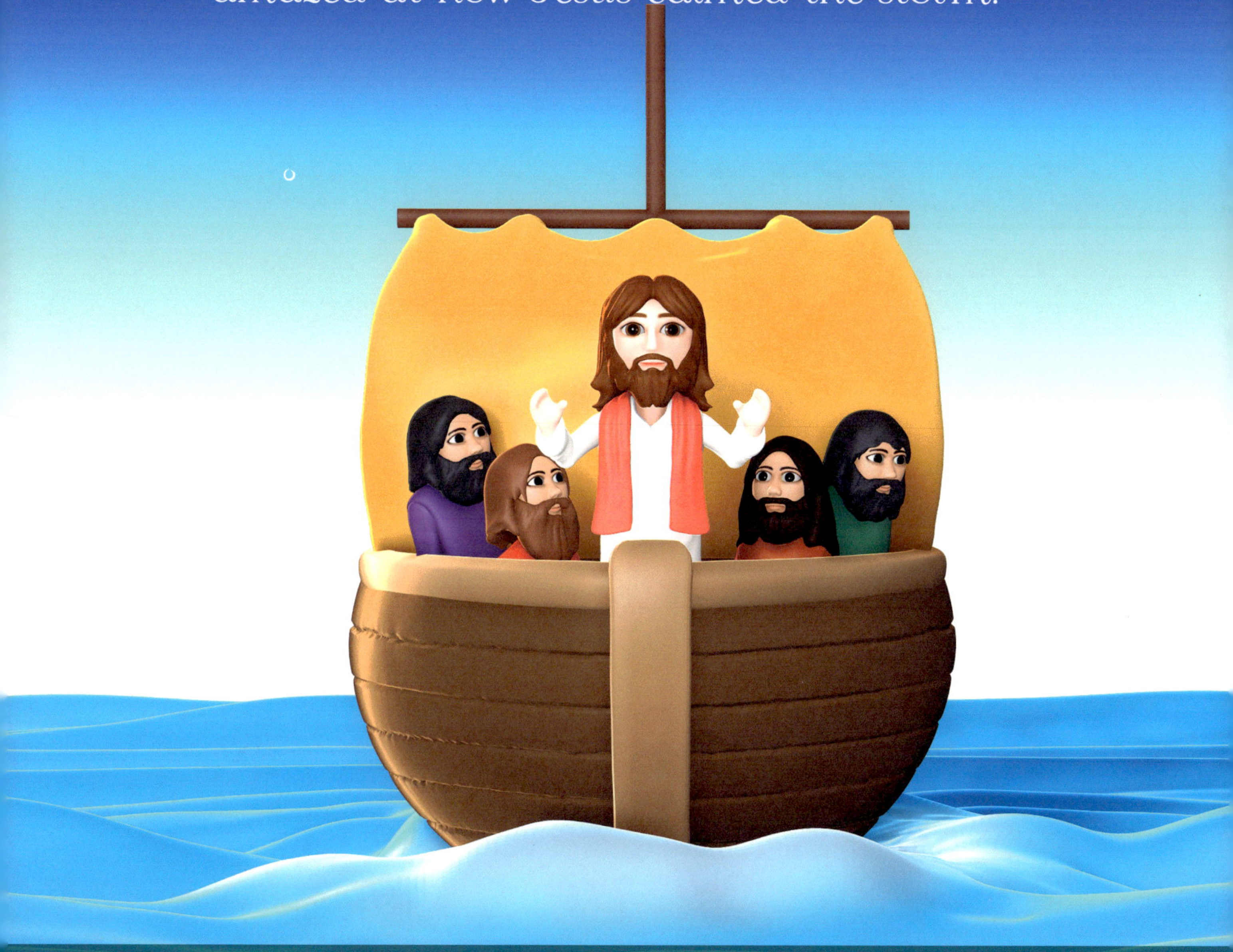

Jijej ekar ruj im ekar jirone lọjet im kōto bwe en aenōṃṃan. Kōto im lọjet ekar pokake Jijej. Ro ṃōttan Jijej ekar bwilōn kōn wāween an Jijej kar kaaenōṃṃane liṃaajṇoṇo.

Many children run to Jesus.
He's so kind and loving.

Little Children and Jesus
Ajri redik im Jijej

Elōn ajri ro me rej ettōr nan Jijej. Ej lukkuun jouj im ej iakwe er.

Jesus loves the little children. He wants all the children to know that they can always come to Him.

Jijej ej iakwe ajri ro redik. Ekōņaan bwe aolep ajri ro ren jeļā ke remaron in̄ itok nane.

In another storm, Peter sees Jesus walking on water.
Peter climbs out and begins walking toward Jesus.
Peter sees the wind and waves and looks aways from Jesus.

Ilo bar juon kōto eḷap, Peter ekar loe an Jijej etetal ioon dān.
Peter ej to jān wa eo im ej jino in etetal nan Jijej. Peter ej loe
kōto eo im ṇo ko im ej joḷọk an kalimjeke Jijej.

Peter begins to sink. Jesus reaches down and grabs Peter. We need to keep our eyes on Jesus.

Jesus Walks on Water
Jijej ej etetal ioon dān

Peter ekar jino in rūṃṃūḷọk. Jijej ej eḷḷọke pein im ej jibwe Peter. Jej aikuj in kalimjeke Jijej wōt.

This man has been blind for a long time.
Jesus heals him and makes him see.

Ekar eto an emṃaan in pilo. Jijej ej kōmouri im ej
kōṃṃan bwe en loļọkjeņ.

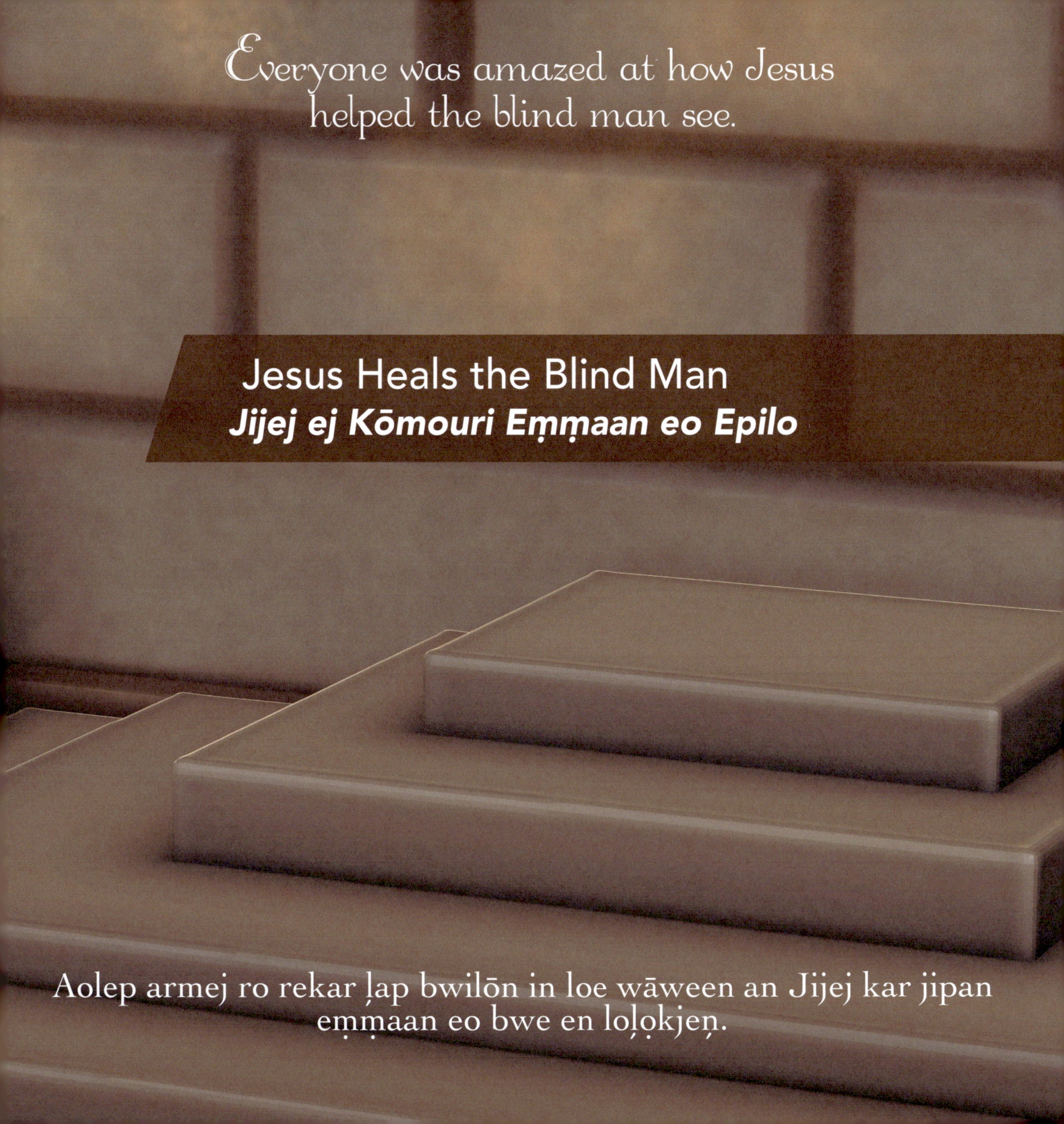

Everyone was amazed at how Jesus helped the blind man see.

Jesus Heals the Blind Man

Jijej ej Kōmouri Eṃṃaan eo Epilo

Aolep armej ro rekar ļap bwilōn in loe wāween an Jijej kar jipan eṃṃaan eo bwe en loļọkjeṇ.

Jesus was hung on the cross to die.

Rekar debwāāle Jijej bwe en mej.

He died for our sins.

Jesus' Crucifixion
Aer Debwāāle Jijej

Ekar mej kōn bōd ko ad.

Jesus' body was placed in a tomb
sealed with a large stone.

Rekar likūti ānbwinnin Jijej ilo juon lōb im likūti
juon dekā kilep bwe ren kapen.

On the third day, Jesus was raised.
Mary saw Him. She was so happy He was alive again.
She went to tell her friends what she saw.

Resurrection of Jesus
Am Jijej kar Jerkakpeje

Ilo raan eo kein kajilu, Jijej ekar jerkakpeje. Mary ekar loe. Enanin in ṃōṇōṇō kōnke ekar bar mour. Ekar itān jirone ro ṃōttan kōn ta eo ekar loe.

Jesus will come again to Earth from Heaven with clouds of angels.

Jesus' Second Coming
An Jijej Bar Itok

Jijej Enaaj bar itok nan Laļ in jān Lan ippān kōdọ in enjeļ ro.

He will come and take everyone to Heaven who loves and follows God.

Enaaj itok im bōk nan Lan aolep ro me rej iakwe im ļoore Anij.

Memory Verses & Bible Promises

Come, my children, and listen to Me,
and I will teach you to fear the Lord.

Psalm 34:11 (NLT)

Itok, ajri ro nājū, im ronjake Eō, im
inaaj katakin eok mijak Irooj.

God blesses those who work for peace, for they will be called the children of God.

Matthew 5:9 (NLT)

Anij ej kōjeraaṃṃan ro me rej jerbal nan aenōṃṃan, kōnke naaj ṇaetan er nājin Anij.

I will teach all your children,
and they will enjoy great peace.

Isaiah 54:13 (NLT)

Inaaj katakin aolepan ro nājūṃi, im renaaj ṃōņōņō ilo aenōṃṃan eļap.

Our Prayer for You

May the Grace of God, the
Love of Jesus Christ, and
the Holy Spirit Be with you.

Jouj eo an Anij, Iakwe eo an Jijej Kūraij, im Jetōb eo Ekkwōjarjar en pād ippōṃ.

We believe in the message of the Holy Bible.
As disciples, we are truly passionate about sharing these 16 wonderful stories in the language of the people of the Marshall Islands.

It is an honor as Pacific Islanders from Guam to translate these bilingual children's bible stories in Marshallese, as a gift to our brothers and sisters of the Marshall Islands.

We pray that young children everywhere seek to know Jesus, the Father, and the Holy Spirit.

If you have a desire to share this book in your church or organization, we offer this book in bulk sale. Contact us at sales@gerardaflaguecollection.

In Christ Jesus,
Gerard and Mary Aflague